GEMINI

HAVE A FULL OF CURIOSITY.

君の武器は好奇心

双子座の君へ贈る言葉

鏡リュウジ
Ryuji Kagami

気づいている？
あなたのなかに存在する
もうひとりのあなた。

あなたに感性があるように、
もうひとりのあなたにも感性がある。

ふたりで、ひとりのあなた。
興味の対象もふたり分。

双子座に、心の準備は似合わない。
双子座には翼がある。
心惹かれるものを見つけたら、
ためらわずに飛んでいけばいい。
たったいま。どこへだって。
うまくいくイメージだけを思い描きながら。

まだ見ぬ土地に行こう。
まだ見ぬ人と会おう。
新しい刺激は、
ときに痛みをともなうけれど、
風に乗れさえすればいい。

雲を突き抜けたその先には、
きっと未知のよろこびが
待っているから。

鳥の視点で物事を見よう。

この先には何が待っているのか？

これからどうなっていけばいいのか？

遠くを見据えることで、次の行動が明らかになる。

どちらにすべきか。
やるべきか。やらないべきか。
双子座は、ふたりの自分を行ったり来たり。
つねに揺らいでいる。
なかなか定まらない。
そんなに簡単に結論なんて出せない。
それこそが、あなたの強みだ。

自分が何者かなんて、
決まらないし、決めようともしない。
形がない。
つねに自由。
まるで風。
どこにもとどまらない。
それで完璧だ。

目標や居場所なんてなくたっていい。
誰かと出会えた幸せを感じながら、
毎日を、風のように吹き抜けよう。

あとに残すのは、かすかなぬくもりだけ。

新しい！　おもしろそう！
それだけで「やる」理由としては十分。
好奇心にまかせて、なんでもやってみよう。

自分のなかに住む、
もうひとりの自分と会話をしながら、
はしゃぎながら、あっちこっちに飛び回る。
先行きの見えない未来のために、
今日を思いっきり楽しむんだ。

さあ、行こう。
ここではない、どこかへ。

素晴らしい双子座の人生を、
さらに輝かせる「挑戦」と「飛躍」のために、
35のヒントとメッセージを贈ります。

双子座のあなたが、

もっと自由に
もっと自分らしく生きるために。

GEMINI

CONTENTS

GEMINI

CHAPTER 1

本当の自分に
気づくために

【夢／目標／やる気】

あなたの夢は何か？
やりたいことが見つからないときは？
あなたの心を動かすものは何か？
双子座のあなたが、
向かうべき方向はどこだ。

GEMINI

1

自分をどこまで
「自由」にできるか

双子座の守護神は翼の生えた靴をはいたヘルメス。その姿が象徴するように、双子座はこの世界を自由自在に飛び回っているときが、一番自分らしさを発揮できる。

　でも、翼を強く羽ばたかせるためには、できるだけ「身軽」でいたほうがいい。双子座は自分を「自由」にすればするほど、可能性が広がるし、力を発揮できる。

　もし、あなたがいま「輝けていない」「気持ちよく動けていない」と感じているなら、それは無意識のうちに「自由の翼」をなくしているからかもしれない。

　双子座は好奇心旺盛だから、普通ならやりたいことがすぐに見つかる。なのに、モヤモヤしたまま動けないというのは、知らないうちに固定観念や人間関係に縛られ、重い荷物を背負ってしまっているからかもしれない。学歴がないといけない。社会的ステータスがないといけない。お金を稼がなくてはいけない。周囲の期待に応えないといけない。役に立たなくちゃいけない……。

　もちろん、人にはそれぞれ背負っている事情や条件、制約がある。でも、いったん、それをすべて忘れて、すべてリセットして、改めて世界を見渡してみよう。

　双子座本来の好奇心を呼び覚まされて、きっと「ワクワクすること」「おもしろいこと」「やりたいこと」が見えてくる。

　現実との折り合いはそのあと考えればいい。大丈夫。双子座は自由になればなるほど、思考力も高まり、いろんなアイデアが湧いてくる。「ワクワクすること」をやりながら、物理的な制約や課せられた条件をクリアする方法をきっと見つけることができる。

　だから、まずは、自分をどこまで身軽に、自由にできるか。それが、双子座が輝くための鍵になる。

GEMINI

2

いっぱい
「目移り」して
動き続けろ

「飽きっぽい」「移り気」「好きだというものがコロコロ変わる」

　双子座は、他人からそんなふうにいわれることが多い。

　確かに、双子座は情報への感度が高くて好奇心が強い分、流行りものが大好きで、いろんなものに首を突っ込みたがる。新しいものに目がなくて、ひとつのことを極める前に、次の新しいものに目移りしてしまう。

　でも、これは欠点じゃない。ミーハーであることは、双子座にとって大きな武器。柔軟でひとつのことにこだわらないから、大きな変化にも対応できる。新しいものが大好きだから未知の技術や新しいトレンドも吸収して、乗っかることができる。情報への感度が高いから、変化を先取りしていち早く対応策を考えることができる。

　絶えず変化の起きるいまの時代は、ひとつのことを突き詰める専門家より、変化を恐れないミーハーが力を発揮できる時代だ。

　しかもあなたはそれこそ、動体視力に優れた鳥や動物のように、じっと止まっているより、動いているときのほうがいろんなものがよく目に入る。自分が高速で動き、変化すればするほど、情報をキャッチできるし、物事の本質がわかって、いろんなアイデアも思いつく。

　だから、立ち止まらないで、動き続けよう。ミーハー全開でいっぱい「目移り」し続けよう。

　信念とか、安心できる居場所とか、地に足がついた本当の自分なんて、双子座には似合わない。新しいものから、より新しいものへ。おもしろいものから、もっとおもしろいものへ。

　どこにもとどまらず、何にも染まらず、好奇心のおもむくままに、動き続ける。それが双子座に与えられた使命なのだから。

GEMINI

3

人生や進路を
「ゲーム」に
とらえてみよう

双子座の名前の由来は、ギリシア神話に登場するカストルとポルックスという双子。ただ、ひとりは人間の子で、もうひとりは神ゼウスの子で"不死の神"だったと伝えられている。

　この神話が象徴するように、双子座のなかには"もうひとりの自分"がいる。「神の視点」を持ったもうひとりの自分──。

　あなたは、何かをやっているとき、一方で自分の姿も含めた状況を客観的に見ている自分に気づくことがないだろうか。たとえていうなら、ゲームのなかのキャラクターを見ているような感覚。

　この"ゲームのように客観的に自分を見る力"こそがあなたの大きな武器になる。あなたが自分を見失い、どう動けばいいかわからないとき、自分の人生をゲームのようにとらえてみたらいい。キャラクターである自分が、どんなアイテムを手に入れ、どんな相手と組んで、どういうルートを進めばクリアできるか。ゴールに向かってミッションや障がいを一つひとつクリアしてゆくように、戦略を立てるのだ。

　自分の能力・得意・不得意をゲームのキャラクターみたいに数値化、パラメーター化するのもありだ。夢や目標を実現させるために、自分のどの強みを活かせばいいかが見えてくる。

　人生をゲーム的にとらえるのは、自分の人生を軽く見ているということではない。最近はビジネスの分野でも、問題解決や目標達成のためにゲーム的発想が必要だと高く評価されている。

　しかも、この考え方は双子座に勇気を与えてくれる。双子座は自分をさらけ出すのが苦手で、素の自分ではあと一歩が踏み込めない。でも、ゲームだととらえれば、大胆になれるし、動きやすくなる。アイデアも湧いてくる。

　そうすれば、あなたはもっともっと自由になれる。

GEMINI

4

冷めた目を持つ
もうひとりの自分を
「説得」する

双子座の二面性、神の視点を持った"もうひとりの自分"の存在は、あなたに客観性や冷静さをもたらしてくれる。

　ただ、その存在が夢や目標の実現をはばんでくることもある。あなたが情熱を持って何かをやろうとすると、神目線のクールなもうひとりの自分が現れて、ツッコミを入れてくるのだ。

　それって意味あるの？　本当にうまくいくの？　それ、他の人もやってるよ、コストのこと考えてる？　現実を見なよ……。

　そんな声が聞こえてくると、あなたは一気にモチベーションが下がって、途中で、あるいははじめる前に逃げ出してしまう。

　じゃあ、どうしたらあなたは前に進めるんだろう。

　双子座が"もうひとりの自分"を黙らせるのは不可能。だったら、その存在を受け入れ、"もうひとりの自分"を説得すればいい。

「そんなこと他の人もやってる」といわれれば、他の人と差別化できるアイデアを考える。「コストはどうするの?」と問われたらコストをかけない方法を考える。そうやって、もうひとりの自分に立ち向かえば、あなたは再びやる気を取り戻せる。

　いや、モチベーションが戻るだけじゃない。実は、冷静な"もうひとりの自分"のツッコミはとても鋭い。あなたの取り組みの甘さや欠点を見事に指摘してくれていることもままある。

　つまり、"もうひとりの自分"を説得することは、あなたの取り組みの欠点を改善し、クオリティを上げることにつながるのだ。"もうひとりの自分"が納得したとき、あなたはすでに目標の達成、成功が目の前まで近づいているはずだ。

　自分のなかのクールな自分は、あなたをストップさせる厄介なだけの存在じゃない。説得し、乗り越え、巻き込んでいくことで、あなたの夢や可能性はもっともっと広がっていくだろう。

5

夢はひとつでなくていい。
複数の夢を
「融合」させろ

双子座がやりたいことが見つからないときは、いろんなことに興味があってひとつに絞れない、ということも多い。

　確かに双子座は好奇心旺盛だから、やりたいことがどんどん出てくる。ひとつのことに取り組んでいても、別のことに興味が湧いて「やりたい!」となる。でも、現実的なことを考え出すと途端に、「やっぱりそこまでやりたいわけじゃないかも……」とあきらめてしまう。

　でも双子座は、やりたいことを全部やったほうがいい。いろんなことをすこしずつかじりながら、やりたいことが3つあれば3つ、5つあれば5つやるのだ。

　多くの人は「ひとつに絞らなきゃどれも中途半端になる」「本気じゃなきゃ夢は実現できない」というかもしれないけれど、双子座はそんなことは気にしなくていい。

　双子座には、複数のことを同時にできるチャンネルがある。切り替えがうまいから、むしろひとつだけに絞るより効率がいい。いざとなったら別のものがあるという余裕があると、気楽な気持ちで取り組めるから、アイデアも浮かびやすい。

　しかも、複数の夢を追いかけていたら、それらがあなたのなかで混ざり合って、刺激し合って、さらに大きくなる。複数の異質なものをやっているからこそ、新たなアイデアが生まれてくる。

　たとえば、食とファッション、スポーツとビジネス、デザインと社会貢献……。双子座にはいろんな分野に同時に手を出しながら、それらを「融合」させて、さらに大きな成功を収めている人がたくさんいる。

　そうなるためには、まずあなた自身が「夢はひとつに絞らなきゃいけない」という呪縛から自由になってほしい。そうすれば、きっとこれまでなかった新しい未来が見えてくるはずだ。

GEMINI

PERSON
双子座の偉人
1

「二足のわらじ」だから
生まれた傑作

アーサー・コナン・ドイル
Arthur Conan Doyle

1859 年 5 月 22 日生まれ
医師・作家

スコットランドで生まれ、エディンバラ大学医学部に入学。一方でスポーツに精を出し、捕鯨船に乗るなど文武両道であった。卒業後は医師として開業するが、経営がうまくいかず、暇を使って小説を書きはじめる。

歴史小説で評価を受け、やがて『シャーロック・ホームズ』シリーズが大ヒットした。晩年は精神世界の研究に没頭するなど、その生涯はさまざまな知識や経験に彩られていた。

参考　コナン・ドイル（著）延原謙（翻訳）『わが思い出と冒険―コナン・ドイル自伝』新潮社　1965 年

PERSON
双子座の偉人

2

胸の内にある
感覚を解き放つ

ボブ・ディラン
Bob Dylan

1941 年 5 月 24 日生まれ
ミュージシャン

8 歳でピアノ、10 歳でギターをはじめ、大学時代にフォーク
ソングを歌うようになる。デビューアルバムこそ売れ行きが芳し
くなかったが、「風に吹かれて」の発表などで一躍有名に。
その後、「フォーク・ロック」という独自のスタイルを築き上げ、
グラミー賞、ゴールデン・グローブ賞、ロックの殿堂入りなど
を受賞、生きる伝説となる。その文学的な詩も極めて評価が
高く、2016 年には歌手として初のノーベル文学賞を受賞した。

参考 「HMV&BOOKS online」プロフィール
https://www.hmv.co.jp/artist_Bob-Dylan_000000000003159/biography/

GEMINI

CHAPTER 2

自分らしく輝くために

【仕事／役割／長所】

あなたに備えられた才能はなんだろうか？
あなたが最も力を発揮できるのはどんな場所？
あなたが世界に対して果たす役割は何か？
双子座のあなたが、最も輝くために。

GEMINI

6

「情報」と
「ネットワーク」を
武器に生きていく

双子座は神々の伝令神、"情報の神"とも呼ばれる水星が守護神。だから、情報に対する感度が高く、考えや知識をわかりやすく伝える能力を備えている。「風の星座」ならではの知性と反射神経も持っているから、目まぐるしい変化に即座に対応し、次々起こる問題を解決するアイデアを打ち出していくことができる。

　そういう意味では、双子座はいまの時代に最も求められている力を持っているといってもいい。

　IT、マスコミ、ゲーム運営、広告、マーケティング、経営コンサルタントやファイナンシャルプランナー、キャリアカウンセラー、そしてSNSのインフルエンサー……情報をキュレーションする仕事、時代の変化に対応するビジネスに取り組めば、あなたはきっと大きな存在感を発揮するだろう。

　いや、それだけじゃない。双子座的な力はこれから、あらゆる仕事で必要とされる。たとえば、地道な事務の仕事をしていたとしても、業務のフローを整理して効率を上げていくあなたのやり方は、組織で高く評価されるし、販売の仕事でも、あなたの問題解決力、アイデアが売り上げを伸ばすために必須になる。

　しかも双子座はもうひとつ、時代が求める力を持っている。コミュニケーションがオンライン化したいま、ビジネスでは固定した人間関係よりも、ゆるく広くつながるネットワークの構築が成功の鍵になる。これはまさに双子座が得意なこと。双子座は深くべったりした人間関係は苦手だけれど、浅く広く人脈を築いていける。人と人をつなげることも得意だ。

　目まぐるしい変化が起こり、膨大な情報が氾濫する時代。多くの人が戸惑い混乱するなかで、双子座はみんながうらやむ力を持っている。ぜひ、その力を自覚して、仕事に生かしてほしい。

GEMINI

7

その場しのぎの
「思いつき」に
価値がある

双子座は変化に強い「柔軟宮」の星座のなかでも、最も高い適応力を持っている。思考の反射神経が優れているから、仕事の打ち合わせや会議で、まったく考えていなかったことをとっさにふられても、即、反応して答えることができる。

　もしかしたら、本人はその場しのぎで適当なことをしゃべっただけ……と思っているかもしれない。でも、その適当なことが、意外と本質を突いていたり、「その手があったか！」と周囲をうならせる画期的なアイデアだったりするのだ。

　双子座は、事前に下調べをして資料を読み込んだり、専門的な知識を勉強したりするタイプじゃないけれど、だからこそ、既存の論理に縛られず、専門家が見えない角度からものを見ることができる。一瞬でいま起きている状況を理解し、一言で問題の核心を突き、解決策を提案する能力もある。

　あなたもいろんな場所で、臆することなく「その場の思いつき」をどんどん言葉にしていけばいい。むしろ、「その場しのぎの適当な思いつき」こそがいいのだ。

　双子座の知性は、絶えず動き続けている、変化し続けている流れのなかでこそ輝く。ライヴ感のある場でこそ、双子座はいいアイデアを思いつく。

　それに、双子座はもともと場の空気を読み取る力やバランス感覚がすごくあるから、誰かを傷つけるようなことや炎上するようなことはいわない。

　だから、安心して思いついたことをどんどん発言しよう。

　心がけるのは考えるより、反応すること。優れた適応力と反射神経を最大限に使えば、あなたはきっと頭ひとつ抜けることができるだろう。

GEMINI

8

「鳥の目」を持とう

双子座の象徴であるカストルとポルックスは、鳥の卵から生まれた。だから、双子座は自由に飛び回るだけでなく、「鳥の目」を持っている。鳥のように、上空から全体を見ることができる。

　優れたサッカー選手は、ピッチに立ちながらピッチ全体が上空からの画面でゲームのように見えて、どの選手がどこにいて、どこにどういうパスを出せばいいかが瞬時にわかるという。

　双子座のあなたにも、同じような力が眠っている。その能力を鍛えて、どんどん仕事や勉強に活かしていこう。

　たとえば会議や打ち合わせで、自分が何をどう発言すれば盛り上がるか、誰に発言をふれば場の空気が変わるか、話し合いがまとまるか。会社のなかの自分がどういうポジションにいて、誰が味方になり、誰が敵か。どういう働きかけをすればうまくいくか。

　このようなことが、双子座はほんのすこし意識するだけでどんどん全体が見えてくる。やがて、まるで頭のなかに地図があるかのように、瞬時に見極めることができるだろう。

　それは、会社や学校のような小さな範囲だけではない。「鳥の目」をさらに鍛えれば、もっと大きな動きも見えてくる。

　たとえば、時代の流れがどうなっていて、どういう人がどういうものを求めているのか。自分がいま考えているその企画やアイデアが、時代のなかでどういう位置にあるのか。どの層に向けて、どういう打ち出し方をすれば、それが売れるのか、ヒットするのか。そこまで見通せるようになる。

　鳥の目を鍛え、頭のなかに地図をつくろう。そうすれば、あなたはきっと無敵になる。

GEMINI

9

古いものを
「新しく」
生まれ変わらせる

新しい技術や商品、サービスが次々に生まれるイノベーションの時代。アイデアと企画力のある双子座はそのトップランナーになれる星座だ。

　ただし、双子座は「ゼロから生み出す」タイプではない。向いているのは「いまあるものを生まれ変わらせる」こと。

　多くの人は、ゼロから新しいものをつくり出すことだけがイノベーションだと思いがちだが、そうではない。古くなったもの、すでにあるものに、アイデアの力で新しい価値を与えるのも立派なイノベーションだ。

　たとえばいま、注目を集めている「アップサイクル」のように必要なくなった商品や廃棄された素材を使って、みんながほしがる商品をつくり出す。あるいは、刻み海苔用はさみを「シュレッダーはさみ」として販売したように、すでにある商品を本来の用途とは別の目的に使って、売れ行きを伸ばす。

　中身は一切変えないまま、パッケージやデザインの変更、ブランディングだけで再生をはかるというやり方も、成功事例がたくさんある。

　古典文学とアニメ、文房具にポエム、糖質オフとチョコレートなど、それぞれは平凡でもその組み合わせによって新鮮な存在に変えることもひとつの方法だ。

　双子座はこうしたアイデアを次々生み出すことができる。鋭い観察力で、あらゆるものに誰も気づいていないおもしろさを見出せるし、固定観念にとらわれない自由な発想で、誰もやったことのない使い方や、思ってもみなかった組み合わせを思いつく。

　だから、双子座は「古くなった」「すでにある」ものに目を凝らすといい。そこにあなたの力を発揮するチャンスが潜んでいる。

GEMINI

10

「外野目線」を持ち
あえて「無責任」になる

組織や人間関係、前例やコストを無視して、その場の思いつきで自由にものをいう双子座。だからなのか、学校や仕事場では「無責任なこというな」「自覚を持て」といわれることもけっこうある。でも、そんな批判は気にしなくていい。双子座は、責任や使命感を感じたり、実現性を考えると、発想が限定されてしまう。予算や物理的な制約で本当に実現できるか、失敗した場合にデメリットはないか。そんなふうに考えていたら、結局、前例にあることの繰り返しばかりで、新しいチャレンジなんて何もできない。

　むしろ、そんなマンネリを打破できるのが、双子座の「無責任さ」なのだ。「外野」の生半可な、野次馬的な意見だからこそ、良いアイデアが出てくる。それは、経験や思い込みによる凝り固まった頭からは絶対出てこないようなアイデアだ。

　しかし組織に長くいると、双子座も知らず知らずのうちに、「責任」を背負い、良さを失ってしまうことがある。

　だから、双子座はあえて「責任」にとらわれないメンタリティをつくり出すことが必要だ。効果的なのは、組織にコミットしすぎず、ポジションや人間関係を流動的にしていくこと。

　同じ仕事をしているチームでなく、違う部署や他の会社の人との交流を持つ。同じ上司や先輩ばかりに相談するのでなく、違う部署や他の会社の人に相談する。思いきって社長に直接相談したり、ライバル会社の人に相談してもいいかもしれない。自分がリーダーになったら、プロジェクトごとにメンバーを入れ替える。そうすることで、会社だけの常識、チームだけの暗黙の思い込みだけに縛られず、「外野目線」を持ち続けることができる。

　双子座の役割は、いまいる場所に新しい風を吹き込むこと。「無責任」はそのための最大の武器になる。

時代の先をゆく者は
全体を見渡している

マイルス・デイヴィス
Miles Davis

1926 年 5 月 26 日生まれ
ジャズ・トランペット奏者

ジュリアード音楽院に進学し、19 歳で大御所チャーリー・パーカーのバンドに参加。以後、ジャズ界の第一線に立つ。プレイヤーとしての存在感よりも、クール・ジャズ、モード・ジャズ、フュージョンといったジャズの新ジャンルを次々と開拓し続け、「ジャズの帝王」と呼ばれている。そのバンドからは、ビル・エヴァンス、ジョン・コルトレーン、ハービー・ハンコックなど、伝説的なジャズプレイヤーが多数生まれた。

参考 「Sony Music」ディスコグラフィー
https://www.sonymusic.co.jp/artist/MilesDavis/discography/

目のつけどころで
世界は変わる

マーガレット・バーク＝ホワイト
Margaret Bourke-White

1904 年 6 月 14 日生まれ
写真家

ニューヨーク出身の女性写真家。アマチュア写真家であった
父の影響でカメラに興味を持ち、当時では珍しい建築や工
業製品の分野で人気を得た。その後、『ライフ』誌の専属カメ
ラマンとして契約、世界各地で写真を撮るようになる。
第二次世界大戦では、女性として初の従軍カメラマンとして
ソ連、イタリア、ドイツなどで撮影を行う。

参考 「アジェ・フォト」
https://www.atgetphotography.com/Japan/PhotographersJ/Bourke-White.
html

GEMINI

CHAPTER 3

不安と迷いから
抜け出すために

【決断／選択】

人生は選択の連続だ。
いまのあなたは、過去のあなたの選択の結果であり、
いまのあなたの選択が、未来のあなたをつくる。
双子座のあなたは、何を選ぶのか。
どう決断するのか。

GEMINI

11

迷ったときは
「おもしろそう」
なほうを選べ

双子座は風の星座。つまり思考の星座であり、感情に流されることなく、何事も合理的に判断できる。「なんとなく好き」「生理的に嫌い」というようなぼんやりした感覚を抱くことはほとんどなく、どんな選択や好き嫌いもきちんと理由を説明できる。

　そんなあなたがAかBか迷っているとしたら、条件を客観的に分析するだけでは判断がつかないときだ。メリット、デメリット、将来性すべて五分五分。100人に聞いたら50人ずつに意見が分かれるようなとき。

　そういうときは、思いきって普段抑え込んでいる「主観」を取り戻して、「おもしろい」と感じることを大切にしよう。

　双子座は冷静だけど、好奇心が人一倍旺盛で、退屈が大嫌い。好奇心をかき立てられるような刺激や変化の多いことなら、やる気もアイデアもどんどん湧いてくる。逆に、刺激が少なく退屈すると、モチベーションが上がらずしんどくなったり、飽きて投げ出したくなったりしてしまう。

　だから、迷ったときは「おもしろいほう」「好奇心がそそられるほう」を選ぼう。知らないこととよく知っていることなら、知らないほう。体験したことがあるものとないものなら、体験したことがないほう。未知の世界のほうが、あなたは力を発揮できる。

　また、安定と変化なら、変化の多いほうを選ぶのがいい。変化の多い環境でこそ、あなたは飽きることなく、つねにフレッシュな気持ちで取り組み続けることができる。

　大丈夫、何を選んだとしても、器用で適応力も高いあなたは、大失敗することはない。

　だから、怖がらないで。好奇心に導かれるままに、おもしろいものを選ぼう。

12

「（仮）マーク」をつけて
とりあえず決断しよう

決断力がないわけじゃない双子座だが、人生の岐路、「これで人生が決まってしまう」と感じるような重大な選択を突きつけられると、他の星座以上に躊躇してしまうところがある。

　客観性があるうえ、縛られるのが嫌いだから、「これが本当にやりたいことなのか」「これを一生の仕事としていいのか」「この人と一生のパートナーになれるか」「ここを終の住処にしていいのか」「いま決断しなきゃいけないの?」……。そんな不安が湧き上がってきて一歩を踏み出せなくなるのだ。そのせいで、大きなチャンスを逃してしまうことも少なくない。

　そうならないために、もしこの決断が重いと感じたら、「とりあえず」だと考えて、何かを選んでみたらどうだろう。いわば、決断に「(仮)マーク」をつけるのだ。

　とりあえずつきあってみて、ダメだったら別れればいい。試しに働いてみて、合わなかったら転職すればいい。しばらく住んでみて、気に入らないところがあればまた引っ越しすればいい。

　そんな中途半端な気持ちでは何もできない、という人もいるが、双子座のあなたは違う。風のように気ままな双子座は、あちこち動き回る余地があるほうが、力を発揮できる。いつやめてもいいくらいの気持ちでいるほうがチャレンジができる。

　実際、何を選択したとしても、ほとんどの場合、あとから修正することも撤退することもできる。とくに「風の星座」であり「柔軟宮」である双子座のあなたは、他のどの星座よりも柔軟性があって、軌道修正もうまい。

　何を選んだとしても、まだ(仮)の選択。本決まりはもっとあとでいい。そう考えることで、あなたの未来と可能性はきっと、これまでとは比べものにならないくらい広がっていくはずだ。

13

決断を「公言」して
自分を勝負から
降りられなくする

双子座はとにかく「失敗する」「負ける」のが嫌い。でも、だからといって勝つためにがむしゃらになるというタイプではない。むしろ逆だ。双子座は負ける可能性がすこしでもあると、勝負から降り、本気で向き合うことから逃げてしまうところがある。

　もちろん、負けが決まっている戦いを避けるのは、大きな失敗をしない最良の方法ともいえる。

　でも双子座の場合は、実際は勝つ可能性が相当高くても、戦いに踏み込まないところがある。成功の一歩手前まできていても、頭に失敗のイメージが浮かぶと、寸止めのように動きが止まってしまう。要するに、勝負に踏み込むハードルが高すぎるのだ。

　だったら、そのハードルを低くするために、逃げ道をふさいでしまうのもひとつの手だ。

　たとえば「やりたい」と思ったとき、その目標や決断を周りに公言してしまうのだ。すると、途中で「失敗したらどうしよう」と思っても、簡単には勝負を降りられない。何より、そのまま戦いに踏み込んでいく覚悟が決まる。決断を「言葉」にすることで、自分の背中を強く押すのだ。

　でもその結果、失敗してしまったら？　大丈夫。

　双子座は判断力が鋭いから、本当にやばいと感じたら、周りに公言していたとしても、きちんと前言撤回して撤退できる。双子座がプライドを優先して戦いを続行するということは、本当は勝てる可能性が高いと判断しているということだ。

　周りに決断や目標を公言しても、チャンスが増えるだけで、勝利の確率は減ったりしない。いや、決断や目標を言葉にすることで、むしろ本気で成功するための戦略を考えるようになって、勝利の確率はこれまで以上に上がっていくだろう。

GEMINI

14

堂々と
「手のひら返し」をしよう

一度決めたことをあとでひっくり返す、言っていたことと逆のことをはじめる、相手によって言うことをコロコロ変える……あなたには、そんなことがしょっちゅうないだろうか。そのせいで、周りからは「手のひら返しがすごい」といわれたり。

　でも、双子座はそれでいい。1時間後に答えが変わっても、相手によって言うことが違っても、全然かまわない。

　あなたの言うことが状況や相手によって変わるのは、あなたが「いい加減だから」でも、「嘘つきだから」でも、「不誠実だから」でもない。不変な、たったひとつの正解などないことを、双子座のあなたは本能的に知っているのだ。

　タイミングや環境が変われば、正しい答えも変わり続ける。3日前にはAが正解だったことが、3日経って状況が変わってBのほうが正しくなることもある。

　双子座がいろんな状況に的確に対応できるのは、この「手のひら返し」の能力があるからなのだ。刻々と変わる状況を瞬時に把握し、立場によって異なるいい分を俯瞰して、さまざまな角度から見ることができる。

　あなたがコロコロ態度を変えるのは、不誠実だからじゃない。その瞬間、その瞬間、感じたことに誠実だからだ。逆に、いったん口にしたことを変えない人こそ、一貫性にこだわっているだけで、状況の変化や必要なことを無視しているという意味で、不誠実ともいえる。

　だから、「コロコロ変わる」といわれても、まったく気にしなくていい。むしろよくないのは、周りに批判されるのを恐れて「変えなきゃ」と思ったのに、変えないでいること。これからも、堂々と「手のひら返し」をしよう。

GEMINI

15

情熱と理性、
"ふたつの自分"の
「攻守」を交代する

双子座には、情熱と理性というふたりの自分が住んでいる。双子座のモチーフとなったカストルとポルックスは、一方が人間で一方が神、とまったく違う運命を与えられたように、双子座のなかにも、まさに人間と神がいる。

　あなたが何かを本気でやろうとすると、神の視点を持ったもうひとりがクールに「それって意味あるの?」「本当にうまくいくの?」とツッコミを入れてくるのだ。

　冷静な視点は強みだが、いつもこのパターンだと大きなチャレンジができなくなってしまう。

　だからときには、ふたりの自分の「役割」を逆にしてみよう。

　いつもは「これってダメだよね」とツッコミ役に回っている慎重になる自分をまず出してしまうのだ。

　すると、もうひとりの情熱的で好奇心旺盛な自分は「やっぱり行きたい!」「行くしかないでしょ!」というだろう。情熱的な自分に背中を押させることで前に進むことができる。

　実は双子座のモチーフとなったカストルとポルックスは、神＝不死の存在と、人間＝死す存在というそれぞれの運命を半年ごとに交代することを許された。あなたも、いつも同じパターンでいる必要はない。ふたりの自分の役割を交代させながら生きていけばいい。

　情熱と理性。感性と論理。子どもと大人。双子座のなかには、相矛盾するふたりの自分がいる。でも、どちらかひとつに絞ったり、中和させたりする必要はない。状況に応じて、ふたりの自分を使い分けていけば、きっとバランスのいい選択ができるはずだ。

GEMINI

PERSON
双子座の偉人
5

本当にやりたいことへは
情熱が導いてくれる

ポール・ゴーギャン
Paul Gauguin

1848 年 6 月 7 日生まれ
画家

ポスト印象派の画家。フランスで株式仲買人として働き、絵画取引などでも収入を得ていた。そのかたわら、20 代半ば頃から絵を描くようになり、カミーユ・ピサロやゴッホなどの画家たちと交流。ゴッホとは一時共同生活を送っていた。
その後、タヒチの文化に強く惹かれたゴーギャンは代表作『アレオイの種』を制作。当初は評判が悪く、晩年は借金や体調不良に悩まされたが、最終的に作品は大きな評価を得た。

参考 「西洋絵画美術館」
https://artmuseum.jpn.org/profilegauguin.html

GEMINI

PERSON
双子座の偉人

6

学んだことは
いつか夢につながる

レイチェル・カーソン
Rachel Carson

1907 年 5 月 27 日生まれ
作家・海洋学者

子とも時代は作家に憧れるも、ペンシルベニア大学入学後は生物学の道へ。ジョンズ・ホプキンス大学で修士号を取得後、漁業局で公務員として働く。そのかたわら、海洋生物学の知見を活かした本を執筆し、「海の三部作」と呼ばれるベストセラーとなった。その後は専業作家となり、『沈黙の春』では農薬などの化学物質が環境破壊をしていると警鐘を鳴らし、アメリカの法律を変えるまでに至った。

参考 「レイチェル・カーソン日本協会」
http://j-rcc.org/

GEMINI

CHAPTER 4

壁を乗り越えるために

【試練／ピンチ】

あなたの力が本当に試されるのはいつか？
失敗したとき、壁にぶつかったとき、
落ち込んだとき……。
でも、大丈夫。
あなたは、あなたのやり方で、
ピンチから脱出できる。

16

休みたいときは
ひとりでいるよりも
「にぎやかな場所」へ

心が疲れたとき、落ち込んだとき、ゆっくり休むというのが一般的だが、双子座の場合は違う。部屋にひとりで閉じこもって静かにしていては、体力は回復したとしても、気持ちはまったく上がってこない。むしろ、どんどん自信がなくなったり、気持ちが沈んでいく。

　風の星座である双子座は動いていることが大事、止まってしまったら風じゃなくなる。元気がないからといって家でひとりでじっと休んでいても、双子座には意味がない。というより、逆効果だ。新しいこと、おもしろいことを見出せないと、どんなに休んで体力が回復したとしても、気力は湧かず、負のスパイラルにはまってしまう。

　双子座が元気を取り戻すために必要なのは、動き回ることであり、できるだけ多くの刺激を浴びることだ。だから気持ちが落ち込んでいるときは、すこし無理やりでも外に出かけよう。

　静かな場所、ゆっくりできる場所でなく、情報や刺激の多い場所、にぎやかな場所がいい。

　双子座のあなたには、おもしろいことを見つける観察力も、新しい情報をキャッチするアンテナも、コミュニケーション能力もある。外に出さえすれば、必ず何かを見つけられる。

　本屋さんで新しい本を見つけた。近所の店に、謎の行列ができていた。はじめて入ったカフェで、おもしろい人を見つけた。電車で向かいに座っていた人が、知らない本を読んでいた。降りたことのない駅に降りてみたら、いい感じの店を見つけた。

　双子座の好奇心を刺激してくれる新しいこと、おもしろいことに出会いさえすれば、もう大丈夫。家に帰る頃には元気になって、落ち込んでいたことさえ忘れているだろう。

GEMINI

17

情報収集の
「範囲」を広げる

「12星座の君へ贈る言葉」シリーズ
発売スケジュール

2022年10月初旬
魚座の君へ贈る言葉　牡羊座の君へ贈る言葉

2023年1月初旬
牡牛座の君への君へ贈る言葉　双子座の君へ贈る言葉
蟹座の君へ贈る言葉

2023年4月初旬
獅子座の君へ贈る言葉　乙女座の君へ贈る言葉
天秤座の君へ贈る言葉

2023年7月初旬
蠍座の君へ贈る言葉　射手座の君へ贈る言葉

2023年10月初旬
山羊座の君へ贈る言葉　水瓶座の君へ贈る言葉

『12星座の君へ贈る言葉』シリーズ
特設サイトはこちら▶▶

定価1,200円（+税）　著者　鏡リュウジ
発行・発売　サンクチュアリ出版

読者様限定
プレゼント

「12星座の君へ贈る言葉」
シリーズ

鏡リュウジ：著

メールアドレス
を登録する
だけ！

特別無料
PDFファイル

著者・鏡リュウジ氏による特典
「星座別のラッキーアイテム」
PDFを無料でお楽しみいただけます。

QRコードか
メールアドレスに 空メールを送るだけ

12seiza@sanctuarybooks.jp

★星座別におすすめしたい
　ラッキーアイテムをご紹介
★ダウンロードして、毎日チェックも！

※内容は変更になる可能性がございます。
※メールの件名・本文が空欄のままだと送信エラーになる場合があります。
　その際は"登録希望"など任意の文字を入れて送信してください。

双子座のあなたがもし「壁」にぶつかっているとしたら、あなたを刺激してくれる新しい情報をキャッチできていないからかもしれない。情報収集の方法や範囲、情報源が固定されて、古くなってしまっていないか確認してみよう。

　感度が高く、最新情報をキャッチするのが得意な双子座だが、いまの時代、たんに新しい情報やトレンドは誰もが簡単に知ることができてしまう。

　だから、たまには情報収集の方法や範囲、情報源を変えたり、広げたりしてみよう。

　たとえば SNS では、これまでフォローしていなかった海外のメディアや海外のインフルエンサーを探してみる。そうすれば、日本でまだ流行っていない新しい情報をいち早くキャッチできるかもしれない。

　ネットだけで情報収集しているのなら、あえて紙の新聞や雑誌を読んでみる。普段ビジネス書ばかり読んでいるなら、文学作品を読んでみる。日本の音楽ばかり聴いているのなら、海外の音楽を聴いてみる。韓国やアメリカの映画・ドラマしか見ていないなら、東ヨーロッパや南米、アフリカなどの作品に触れてみる。

　あるいは、かなり年下の後輩や部下、年齢も住んでいる場所も全然違うネットでの知り合いなど、いままでほとんど接点のなかった人とお茶や食事に行って、情報収集してみる。異業種交流会や、アウェイなパーティに行って、おもしろそうな人を探してみる。

　そんなふうに情報収集する範囲や情報源を広げると、入ってくる情報も変わってくる。目の前に立ちはだかっていた壁が取り払われて、きっと新しい世界への入り口が開けてくるはずだ。

18

立ちはだかる壁を
「違う角度」から見る

双子座は、本来ひとつの立場やものの見方に固執せず、さまざまな角度から物事を見ることができる。

　もしあなたがいま「壁」のようなものにぶつかっているのだとしたら、その壁をさまざまな角度から見てみよう。

　正面からぶつかったり、無理やりよじ登ろうとするのではなく、違う乗り越え方はできないのか。横から回り込めば、実は簡単に向こう側に行けるのでは。そもそもそれは、本当に壁なのか。越えなきゃいけない問題なのか。そうやって発想を変えてみる。

　そうやってさまざまなものの見方ができれば、解決策がどんどん見えてくる。

　コストが足りなくて新しいことができないのだとしたら、いまあるものを低コストでリニューアルできないか考える。いやな上司や友だちを避けたり言い負かすのでなく、「自分の側」に巻き込む方法を考えてみる。勉強やスポーツなどで伸び悩んでいるなら、勉強や練習の方法をガラッと変えてみる。

　角度を変えてみれば、壁だと思っていたものは壁じゃなくなるし、正面突破以外のびっくりするような「裏ルート」も見えてくる。双子座は、裏ルートを見つけるのが得意なのだ。

　もし見つけられないとしたら、それはいま追い込まれて、普段の自由な発想ができなくなっているから。「壁だ」「ピンチだ」という思い込みから、まず自分を自由にしよう。

　たとえば、「これは壁ではない、なぜなら……」と考えてみるのもひとつの方法だ。最初は大喜利みたいな突飛な理由でもいい。考えているうちに、本当に壁でなくなる方法やピンチを解消する方法を思いつけるはずだ。

　本来の自由な発想を取り戻しさえすれば、双子座の前に「壁」なんてひとつもなくなる。

19

自分で自分を
「コンサルティング」する

すごく面倒見がいいというわけではないのに、人の相談に乗るのがうまい双子座。オープンで話しやすく、観察力があってその人のいいところを見つけたり、欠点をポジティブに変換するような視点を与えられる。ややこしいトラブルでも誰に肩入れすることなく、フラットな視点で客観的なアドバイスをできる。

　周りの人からも、「相談相手として頼りになる」「いいアドバイスをもらえる」と評価されることが多いはずだ。

　だったら、自分が悩んでいるときも、自分で自分の相談役になればいい。自分で自分のコンサルタントになって、アドバイスしてみるのだ。

　他人の話を聞くときのように、自分がいま置かれている状況を「鳥の目」で俯瞰して、問題の根本を見つけ出す。状況を打破するために自分の強みや欠点がどう活かせるか。自分だけでは打開できなさそうなら、誰に何を補ってもらえばいいか。そんなふうに、他の誰かの話みたいに客観的に分析してみよう。

　そうしていると、本来あなたのなかにいるもうひとりのクールな自分が動き出すはず。壁にぶつかって落ち込んでいる自分。ピンチやトラブルにぶち当たり悩んでいる自分。そんな自分に対して、クールな自分の目線で、「冷静に考えれば、そんなに落ち込むほどのことではない」「こうすれば解決できる」「この人を説得すればいいだけ」とアドバイスしはじめるだろう。

　そうなれば、もう大丈夫。

　大事なのは、本来双子座が持っているはずの目線を取り戻すこと。自分で自分を「コンサルティング」するような目線。それさえ取り戻せれば、あなたはどんな壁やピンチも切り抜ける方法をいくつでも見つけ出せる。

20

がんばりすぎないで
「早め」に
逃げ出そう

双子座の守護神ヘルメスは「逃げ足」の早さで有名。あなたもうまくいかないことがあったら、あがく必要はない。がんばらないで、速攻逃げてしまおう。

　双子座だったら、逃げ込める場所をいくらでもつくれる。メインの仕事がうまくいかないなら、サブ案件や次の案件に手をつけてみる。副業や趣味に力を入れる。思いきって転職したっていい。会社の人間関係に疲れたなら、しばらく趣味仲間や地元の幼なじみとの人間関係のほうに重心を置いてみよう。

　双子座は好奇心が原動力。仕事でも趣味でも人間関係でも、新鮮であればあるほど、成功を収めることができる。別の場所、新しい場所に行けば、新鮮な気持ちを取り戻せて、どんどんアイデアが出てきたり、フットワーク軽く動き回る双子座らしさがよみがえってくるだろう。

　だから、行き詰まったらさっさと違う場所に逃げたほうがいい。逃げた先がしんどくなったら、また別のところに移ったり、新しい場所を開拓してもいい。どこまでも逃げ続ければいいのだ。

　大事なのは、早めに逃げること。双子座が同じ場所に固執してがんばると、逆にこじらせて周りとの対立が決定的になったり、自分が破綻してしまいがち。でもその前に逃げ出すならば、すこし時間が経てば素知らぬ顔で、また元の場所に戻ってこられる。

　もちろん、普段のバランス感覚に長けた双子座なら、意識せずともそうしている。でも、落ち込んだり、心が疲れたりしていると、判断が鈍って、逆にがんばろうとしてしまうのだ。

　でも、そんなときこそ、がんばらないで逃げ出そう。それこそが、双子座の長所なのだから。

運命の出会いから
革命ははじまった

チェ・ゲバラ
Ernesto Guevara

1928 年 6 月 14 日生まれ
革命家

キューバ革命でフィデル・カストロと共に活躍した革命家。裕福な家で育ち、国立大学の医学部を卒業、医師になったというエリートであった。ところが、旅中にカストロと運命の出会いを果たし、革命運動にかかわることを決意。少数の強みを活かしたゲリラ戦やメディアを通じた PR などで勢力を拡大。ついには社会主義革命を果たした。その後はキューバの内政に携わるも、新天地を目指してボリビアへ向かった。

参考　後藤政子（著）『キューバ現代史　革命から対米関係改善まで』明石書店
2016 年

GEMINI

PERSON
双子座の偉人

8

天涯孤独の体験から
生まれた情緒と奥行き

川端康成
Yasunari Kawabata

1899 年 6 月 14 日生まれ
作家・評論家

裕福な家で生まれたが、両親を早くに亡くし、祖父などの親族も他界。天涯孤独を味わう。10 代で作家を志すようになり、東大へ入学。このとき文藝春秋社の創業者・菊池寛の元で支援を受けて、『伊豆の踊り子』や『雪国』などの代表作を生み出した。儚くも日本人的な情緒にあふれ、1968 年、ノーベル文学賞を日本人ではじめて受賞。評論家としても活躍し、芥川賞の選考なども務めた。

参考 「新潮社」著者プロフィール
https://www.shinchosha.co.jp/writer/1257/

GEMINI

CHAPTER 5

出会い、
つながるために

【人間関係／恋愛】

あなたが愛すべき人はどんな人か？
あなたのことをわかってくれるのは誰？
あなたがあなたらしくいられる人、
あなたを成長させてくれる人。
彼らとより心地いい関係を結ぶには？

GEMINI

21

「二枚舌」でも
「八方美人」でもいい

12星座随一のコミュニケーション能力で誰とでもうまくつきあうことのできる双子座。特定の人とべったりした関係になるのでなく、誰とでも良好な関係を築ける。

　でも一方では、星占いの本などで「八方美人」とか「二枚舌」などと書かれていることが多い。実際に言われた経験のある双子座もいるのではないか。

　もしそうだとしても、気にしなくていい。みんなにいい顔をする「八方美人」でも、相手によっていうことが違う「二枚舌」でも、全然かまわない。

　そもそも双子座は「八方美人」「二枚舌」といわれていても、嫌われてはいない。それは、誰に対しても同じように広く浅く、フラットだから。

　「八方美人」というのは、誰とでもほどよい距離感を保っているということ。ひとりの人とベッタリつきあったり、ひとつのグループにどっぷり所属しないあなたのことをみんな、心のどこかで信頼し、救いにしているところがある。

　「二枚舌」もそう。人それぞれで事情が違っていて、状況もつねに変化する。双子座は本能的にそれをわかっていて、その瞬間その瞬間、目の前の相手を尊重して、ベストと考えられる言動をとっているだけなのだ。

　「毒舌」とか「辛口」といわれることも多い双子座だが、マイナスなことを裏でいわず、オープンであることだけ気をつけていれば、トラブルになることもほとんどない。

　だから双子座はむしろ、これからも「八方美人」「二枚舌」であり続けたほうがいい。それはあなた自身を生きやすくするだけでなく、周りに自由な風を吹き込むことにもつながっていくだろう。

22

人と人を結びつけ
「黄金」を生み出す

双子座の支配星は錬金術では「水銀」と同じ名を持つ。錬金術とは、正反対の物質を合わせることで「黄金」を生み出す神秘的な技術で、双方の物質を結びつける触媒が水銀だ。

　実際、双子座は、異質なものを組み合わせて新しいアイデアを生み出すことが上手だが、この力は人間関係においても発揮される。誰かと誰かを結びつけることが非常にうまい。

　たとえば、あなたはこんなふうに誰かと誰かをつなげていないだろうか。

　同僚のAさんと大学時代の友人Bは気があいそうだから、引き合わせてみた。取引先のEさんが探している人材に、趣味で知りあったFさんがマッチしそうだから紹介した。SNSで知りあったGさんを、イベントを手がけている友人に売り込んだ。

　もともと意識せず自然にやっていると思うが、つきあいの幅が広くみんなの情報がインプットされているあなただからこそ、できること。これからも、仕事やプライベートでどんどん人と人をつなげていこう。それこそ、マッチングアプリみたいに。

　人を紹介すると面倒なことになると嫌がる人も多いけど、双子座はほどよい距離を知っているから、トラブルになることも少ない。人脈やコネクションを囲い込むようなこともしない。

　だから、誰かを誰かにつなげることを積極的にやっていけば、双方から全面的に感謝され、あなた自身のネットワークがさらに広がっていく。

　双子座にとって、人との出会いは自分との関係をつくるだけの狭いものでなく、世界を広げる、新しいことを生み出す入り口。自由な視点で人間関係をとらえ、人と人をつなげることで、あなた自身が「黄金」になるだろう。

23

義理人情でなく
「情報」で
人とつながる

誰とでもうまくつきあえる双子座だが、夜遅くまで一緒に飲んだり、互いの家を頻繁に行き来したり、というベタベタした関係は好きじゃない。ただ、それではちゃんとした人間関係を築けないと悩んでいる人もいるかもしれない。

　でも、双子座なら大丈夫。ベタベタした密なつきあいをしなくとも、人とつながることはできる。

　そのための武器になるのは「情報」だ。双子座はもともと、ほとんど会わなくなった相手にも「不義理」感や「久しぶり」感を与えない。それは、SNSや共通の知人を介してその人の最新情報や近況をキャッチアップしているから。たまにSNSで連絡を取ったとき、無意識に相手の近況に応じた一言を添えているから相手は「私のことを見ていてくれる」と安心する。

　だから、つきあいを深めたいなら苦手な「義理人情のつきあい」を無理にやろうとするのでなく、こうした「情報」を使った働きかけの頻度を上げるだけでいい。

　その人の好きなことについてのニュースや情報を見かけたら教えてあげたり、その人の家や職場の近くに行くときに知らせたり、おすすめのお店を聞いたり、その人の仕事や得意なことにまつわる質問や相談をしたり。もともと双子座は「深い」といっても、そこまでベタベタした関係は望んでいないから、それだけでほどよい距離感の人間関係を築き、仲良くなっていける。

　近年はネットやSNSのおかげで、浅くゆるいつながり方が普通になっている。マッチングアプリを通して知りあい、友だちや恋人になることも珍しくない。

　双子座的のアプローチは、双子座以外の人にとっても心地いい関係としてどんどん受け入れられやすくなるだろう。

GEMINI

24

「ドロドロ」の恋愛が
あなたを成長させる

感情にとらわれず、冷静に合理的に人とつきあえる双子座。普通の友人関係や仕事であれば、そのやり方で全然問題ない。

　ただし、恋愛は別だ。恋をしているとき、人は合理的な判断に基づいて行動しない。恋愛は感情そのもの。なんの見返りもないのに尽くしたり、デメリットだらけの言動をとってしまう。

　あなたはいつもと同じように、客観的に相手の行動を予測し、論理的に対応しようとするけれど、相手はつねに想定を超えてくる。感情は論理で説得できない。双子座の客観的分析は役に立たない。

　だから、あなたは恋愛関係になることを恐れたり、いい関係になっているのに途中で逃げ出すことも多いかもしれない。

　でも、誰かと深い関係を築くとき一歩踏み込むためには生の感情も必要になる。傷つくかもしれないし、縛られるかもしれないけれど、思いきってドロドロした恋愛に飛び込んでみよう。

　欠点だらけの人がどうしようもなく魅力的に見えたり、わざと相手を困らせたり。割り切れない感情を体験できるのが恋愛だ。

　あなた自身のなかにも生の感情がある。理由もないのに会いたくなったり、ケンカしたり、嫉妬したり、相手の気持ちがわからなくて悩んだり、自分の気持ちが伝わらなくてもがいたり。

　恋愛に飛び込み、生の感情に触れるなかで、あなたも自分の奥底に閉じ込めていた生々しい感情が湧き上がり、さらけ出せるようになる。知らなかった自分の一面を知ることができるだろう。

　そして、感情の深みや感情の持つ力を理解できるようになれたら、その恋愛がどういう結末を迎えたとしても、あなたはひとまわり成長できる。非合理的なドロドロとした感情を体験することは、恋愛においてだけでなく、仕事や友人関係でもきっと生きてくるはずだ。

GEMINI

25

これから
あなたが「愛すべき」人
あなたを「愛してくれる」人

「好奇心」を刺激し続けてくれる人

　双子座は恋愛でも、好奇心が原動力。だから、いつまで経っても好奇心を刺激し続けてくれる人がいい。つきあいが長いのにわからないところがある。予想外の言動でしょっちゅう驚かせられる。飽きっぽい双子座だけど、そういう人といれば、きっと素敵な関係を長くずっと続けられるだろう。

あなたの「最後の壁」を取り払ってくれる人

　人に合わせるのが得意な双子座だけれど、本当は周囲に薄い「壁」がある。自分の心の奥底を他人に見せることはめったにない。でも、ごくまれに自然とその「壁」を取り払える人がいる。本音が漏れ出てしまう相手がいる。そういう人に出会えたら、それはあなたの「運命の人」。ぜひ、絆を大切にしてほしい。

「バラバラの行動」「別々の時間」を持てる相手

　自由を愛する双子座は、恋人やパートナーができても、ひとりの時間が絶対に必要。だから、日常の生活、旅先などでも別々の行動ができる相手がいい。しかも、相手もあなたもがまんするのでなく「離れていても大丈夫」と平気でいられる関係。そんな関係を築ければ、あなたの人生はきっと2倍楽しくなるだろう。

GEMINI

PERSON
双子座の偉人
9

波乱万丈、ゆえに伝説。
愛を求め続けた俳優

マリリン・モンロー
Marilyn Monroe

1926 年 6 月 1 日生まれ
俳優

孤児院で育ち、16 歳で結婚など波乱の人生を送るなか、20
世紀フォックスに所属、女優となる。しかし、当初は鳴かず
飛ばずで、大物プロデューサーのジョニー・ハイドに見出され、
1953 年にマリリン・モンローの芸名で再出発。映画「ナイア
ガラ」が出世作となり、「7 年目の浮気」や「お熱いのがお好き」
などに出演、国民的な女優となる。私生活では 3 度の結婚・
離婚を経験。米大統領ジョン・F・ケネディとも交際していた。

参考 「VOGUE JAPAN」
https://www.vogue.co.jp/tag/marilynmonroe

人を惹きつけてやまない
愛と苦悩に満ちた人生

太宰治
Osamu Dazai

1909 年 6 月 19 日生まれ
作家

青森で育ち、井伏鱒二や芥川龍之介を読んで作家を志す。江戸文化に興味を持ち、10 代で地元の花柳界に出入りしていた。東大在学中、井伏鱒二に師事し、1935 年に『逆行』を発表、第 1 回芥川賞の候補となった。その後、『斜陽』で人気作家となる。一方、私生活では左翼活動への参加、麻薬中毒、女性を巻き込んだ心中未遂なと、波乱の人生を送る。自身の人生を投影した『人間失格』を最後に遺した。

参考 「太宰治ミュージアム」
https://dazai.or.jp/

GEMINI

CHAPTER 6
自分をもっと
成長させるために

【心がけ／ルール】

自分らしさってなんだろう？
誰もが、もって生まれたものがある。
でも、大人になるうちに、
本来の自分を失ってはいないか。
本来もっているはずの自分を発揮するために、
大切にするべきことは？

26

「一夜漬け」を
繰り返し
知識を定着させる

双子座は、毎日コツコツやるのは苦手だけど、要領がいいから短期間でかなりの知識を学び、必要な準備をすべて整えることができる。あなたも直前に迫った試験や仕事を「一夜漬け」で要領よく乗り越えてきた経験があるはずだ。

　あなた自身は、「付け焼き刃でしのいでいるだけ」と思っているかもしれないが、それだけではない。双子座は、ポイントをつかむ能力、1を聞いて10を知る頭の良さがあるから、「一夜漬け」でも何カ月も取り組んでいる人と同じくらい理解ができる。

　ただ問題なのは、せっかく身につけた知識をすぐに忘れてしまうこと。双子座は飽き性だから、とりあえずの用が済んだら、その場その場で捨ててしまうのだ。

　これはもったいない。学びや経験を自分の成長につなげるためには、「一夜漬け」でいいから、一晩で学んだ知識やスキルを脳内に定着させていったほうがいい。

　そのために効果的なのが、「一夜漬け」の中身をアウトプットすること、「ニワカ」を承知で外に向かって表現すること。たとえば、歴史の課題レポートがあったらその知識を使ってその時代を舞台に小説を書いてみる。ウェブのプログラミングをかじったのなら、それを使ってアプリをつくってみる。きのう知ったばかりのアニメのことを、次の日に友だちに解説するだけでもいい。

　アウトプットすることで、すでに飽きていた、忘れかけていた「一夜漬け」の内容に再びスポットが当たる。その結果、内容が脳に定着していく。

　そして、一夜漬けとアウトプットを繰り返していけば、一夜漬けが一夜漬けじゃなくなっていく。知識が蓄積され、深さが生まれてくる。広く深く、双子座らしい「知」が身につくはずだ。

27

「キャッチコピー」で
物事の本質をとらえる

あなたは、友だちにニックネームをつけるのが得意じゃないだろうか。みんなでおしゃべりしているときに的確なツッコミやおもしろいたとえをして、「うまいこというね」といわれたり。

　これは双子座の鋭い観察力、瞬時に全体像をつかむ力、本質をいい当てる力が現れたものだ。

　多くの人は、友人とのおしゃべりや SNS などに使うだけで満足しているけれど、この力は仕事や勉強にも活かせるし、自分の可能性を高めることにもつながる。

　たとえば、仕事で新しい商品やサービスを開発しているとき、まだ商品名がない段階で、先にネーミングやキャッチフレーズを考えてみる。難しい問題や複雑な状況が発生したときは「○○問題」と名づける。勉強で難しい課題を与えられたときも、まず「このテーマは一言でいうと?」と考えてみよう。

　そうすることで見えなかった本質が見えてきて、いま一番必要なことがわかってくる。

　試しに普段から目に入ってきたもの、耳にしたものに片っ端からあだ名やキャッチフレーズをつけてみよう。読んだ本、観た映画、音楽、流行りのスイーツ、最近よく見る芸能人、メディアをにぎわせている事件……。これらについて「一言でいうと?」を考え、タイトルをつけていく。

　そうすると、それぞれの共通点・相違点や大きな時代の流れが見えてくる。新しい視点からの分析ができるようになって、もっといいアイデアが生まれるようになる。

　一言でいってみる、キャッチコピーをつける……一見、乱暴に思えるかもしれないけれど、この作業こそが、双子座にとって、世界を最短距離で把握する最良の方法なのだ。

GEMINI

28

目標をつねに
「バージョンアップ」
していく

ある程度の結果を出すと、途端にいまやっていることに飽きて、関心が別のところに向かってしまう双子座。好奇心のおもむくまま、いろんなことに手を出すのは双子座のいいところではあるけれど、人生にはやり続けないと達成できない目標もある。身につかない知識やスキルもある。

　じゃあ、あなたがひとつのことをやり続けるためにはどうしたらいいんだろうか?

　飽き性の双子座に効果的なのは、同じ目標を「バージョンアップ」させていくこと。

　目標が叶いそうになったら、そのハードルをすこしだけ上げてみる。あるいは、目標に違う要素をプラスしたり、目標そのものを発展させてみる。

　たとえば英語だったら、700点を目指していたTOEICの目標点を今度は800点、900点と上げていく。

　英語圏にひとり旅をする、英語の映画を字幕なしで観る、小説を英語で読むというように、他の趣味と組み合わせるのもモチベーションが上がりそうだ。

　双子座らしく海外の最新情報をキャッチアップする、SNSやYoutubeなどで英語で発信、外国圏からのフォロワーを1万人にすることを目標にしてもいいかもしれない。

　そして全部達成できたら、今度は韓国語やスペイン語、フランス語など違う言語にチャレンジしていくのだ。

　とにかく、最初の目標を達成してもそこで終わりにしないで、パソコンやスマホを最新型に「バージョンアップ」させるみたいに、定期的に目標を更新していくこと。そうすれば、双子座自身のスペックもバージョンアップされていくはずだ。

29

たくさんのことよりも
まずは「ひとつ」だけ
わかりやすい実績を

実は、双子座の本当の良さや能力は、伝わりづらいところがある。なんでもスマートにこなすので、それなりに評価されているが、その潜在能力に見合っているとはとてもいえない。マルチぶりがあだになって「要領がいいだけ」「いろいろやってるけど浅い」「本物じゃない」などと、軽く見られてしまうこともある。

　双子座がもうひとつ上のステップに行くためには、何かひとつわかりやすい「実績」をつくるのがいいかもしれない。履歴書に書けるような、誰にでもアピールできる「実績」。

　実際、わかりやすい実績があると認めてくれる人や協力してくれる人もこれまで以上に増えるし、まかせられる仕事のスケールも大きくなったり、いままでまったく知らなかったような新しいジャンルに挑戦する足がかりにもなる。

　難しく考えなくてもいい。たとえば、いまやっている仕事で役職や責任を引き受けて、それを「実績」にする。学生だったら、資格を取ったり何かのコンテストに挑戦してみる。

　あるいは、何かひとつだけ自分の特徴や得意分野をピックアップして、打ち出すことも考えたほうがいい。

　双子座はなんでもできるし、ひとつに絞らずにいろんなことに挑戦したいという気持ちを持っている。でも、いろんなことをアピールしては散漫になって、結局何も伝わらない。

　いろんな特徴のある商品のひとつだけをピックアップしてキャッチコピーをつけるみたいに、たくさんあるやりたいことや得意ジャンルから、あえてひとつだけをピックアップして、それを武器としてアピールするのだ。

　そうやって、あなたの能力がみんなにわかりやすく伝えられれば、あなたはもっともっと大きく羽ばたくことができるだろう。

30

「感情」を取り戻す
時間をつくる

感情に縛られたり、振り回されることが少ない双子座。感情的になったり、気持ちをぶつけたりすることもほとんどない。

　でも実は、双子座には「風」の対極にある「水」の要素＝「感情」が隠されている。知らぬ間に感情を溜め込んでいる。

　しかも厄介なのは、本人がその存在に気がついていないゆえに、コントロールできないまま、感情が噴き出してしまうこと。

　いつも軽やかに生きているのに突然不満をいい出したり、明らかに怒っているのに怒っていないといい張ったり。自分のほうから恋人をふっておきながら、涙が出てきたり。

　感情の存在を自分でわかっていないと、進むべき方向を誤ったり、本当に大事なものを失ってしまうリスクも出てくる。

　だから、ときには自分の感情に気づき、向き合ってみよう。ポイントは言葉にすること。日記のように自分の感情を記録できたらなおいい。自分の気持ちを注意深く観察して、どう感じたかをできるだけ具体的に書いてみる。たんに「楽しい」だけじゃなく「興奮してワクワクする」のか「心地よくて気分がいい」のか。「寂しい」でも「具体的に何かを失って寂しい」のか「理由なく孤独感を感じている」のか。

　言葉に置き換えていくことで、いままで取るに足りないこととスルーしてきた感情や、自分でも気づいていなかった感情にすこしずつ気づけるようになるだろう。

　他人のこともこれまで以上に理解できるようになるし、自分の感情とももっとうまくつきあえるようになる。

　感情に縛られない、振り回されないところは双子座の長所だが、もし感情を理解したうえでうまくつきあえるようになれば、あなたはこれまで以上に自由になれる。

ひとつの実績をきっかけに 活躍の舞台は広がり続ける

モーリス・センダック
Maurice Sendak

1928 年 6 月 10 日生まれ
絵本作家

ユダヤ系移民の両親の元で、ニューヨークに生まれる。イラス
トレーターなどを経て、児童向け絵本作家となった。
1964 年に発売された代表作『かいじゅうたちのいるところ』は
コルデコット賞、国際アンデルセン賞などを受賞し、世界で
2000 万部以上のベストセラーに。その他、オペラやミュージ
カルの舞台装置、衣装デザインを手がけるなど幅広く活躍し
た。

参考　「冨山房」
http://fuzambo.net/sendak.html

GEMINI

PERSON
双子座の偉人
12

少女の日記は
世界の人の意識を変えた

アンネ・フランク
Annelies Frank

1929 年 6 月 12 日生まれ

ナチスが勢力を広げるドイツで、ユダヤ人の両親の元で生まれ
る。逃亡先のオランダもナチスに占領され、一家は「隠れ家」
に潜伏。それから 2 年間の日々を日記に記した。

その後、一家はアウシュヴィッツへ収容され、アンネは 15 歳
で亡くなってしまう。しかし、唯一生き残った父が残されたア
ンネの日記を『後ろの家』として出版し、約 70 の言語へと翻
訳、世界中で読まれることとなった。

参考 「anne frank house」 Who was Anne Frank?
https://www.annefrank.org/en/

GEMINI

CHAPTER 7

新しい世界を
生きていくために

【未来／課題／新しい自分】

双子座は、これからの時代をどう生きていくのか。
変わっていく新しい世界で、
未来のあなたがより輝くために、
より豊かな人生を生きていくために、
双子座が新しい自分に出会うために、大切なこと。

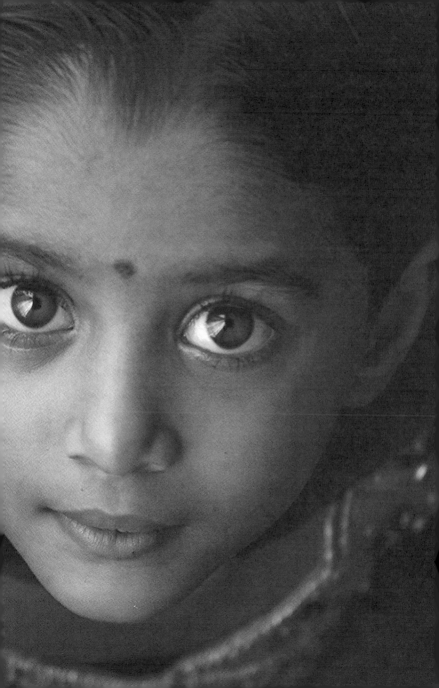

31

内なる「ピーターパン」を
「現実」と戦わせる

双子座は「永遠の少年少女」。心のどこかにいつまでも子ども
のままでいたいという思いがある。大人になることが怖くて、成
熟することを拒否してしまう。その自意識はまるで「ピーターパン」
のように、ふわふわと宙に浮いているといっていいかもしれない。

　もちろん、それはいい面もたくさんある。それこそ子どものよ
うにいろんなことに好奇心を持って取り組めるし、常識に縛られ
ない自由な発想が画期的なアイデアをもたらす。

　でも一方で、この内なる「ピーターパン」は双子座の成長をは
ばむ要因にもなる。大きな責任がかかったり、何かに本気で取り
組まなければならなくなったときも、「これは本来、私のやること
じゃない」「まだ本気でかかわる時期じゃない」という声が聞こ
えてくるのだ。その結果、戦うことから逃げ、いい加減なまま放
り出してしまう。

　戦わなければ、負けることはない——あなたはそういうかもし
れないけれど、人生はいつまでも逃げてはいられない。あなたに
もそろそろ現実と向き合い、大人になる時期がくる。

　ただこれは、内なる「ピーターパン」を黙らせろ、捨て去れ、
ということではない。むしろ、ピーターパンの自由自在さを存分
に活かしながら、現実の課題と向き合ったほうがいい。「いつで
も逃げ出せる」という無責任さを保ちながら、責任を引き受けよ
う。

　そうすれば、課題を解決し現実を乗り越えるための新しい発
想や思考、方法論がどんどん湧き出てくる。結果的に、大きな
責任、役割を果たすことができるだろう。

　大切なのは「飛び回る力」内なる「ピーターパン」を逃げるた
めでなく、縦横無尽に現実と戦うために使うこと。そうすれば、
双子座の人生は、自由でありながらもっと深いものになるはずだ。

32

「マーケティング」から
「プロファイリング」へ

その洞察力と反射神経で、いま起きている状況や目の前にいる人の特徴を即座に見抜き、的確な対応・対策ができる双子座。

　ただ残念なのは、素早く反応するあまり、分析が浅く一面的なものになりがちなことだ。だから、コンスタントに結果は残せるけれど、「そこそこ」のレベルでとどまってしまうことが多い。その場その場で相手に合わせることはできても、人から全面的な信頼を勝ち取るところまではいかない。

　双子座がこれから一段上のレベルの成功をつかみ、人生を深く豊かなものにするためには、瞬間的に反応するだけでなく、出来事や人の背景にある目に見えないもの、別の側面までを深くじっくり分析・考察する習慣をつけたほうがいい。

　たとえば、仕事ならマーケティング的に消費動向や流行をとらえるだけでなく、隠された人々の欲望や社会の変化まで考える。

　人間関係でも、相手の言動に合わせるだけでなく、なぜそんなことをしたのか、背景にある思いや感情の動きを推察してみる。

　いわば、残された証拠から犯罪者の性格や心理までを推理する「プロファイリング」の手法を使って、分析を行うのだ。

　大丈夫。双子座は、あの名探偵「シャーロック・ホームズ」を生み出した作家、コナン・ドイルがそうであるように、深い洞察、分析ができるし、類まれな推理力を持っている。

　あなたが目を凝らし、物事の背景を分析し、人間の複雑な感情まで想像を働かせれば、きっとマーケティングやAIの分析では見えないことが見えてくる。そこから、これまで考えもしなかった新しい企画を思いつき、大ヒット商品を生み出すことができるかもしれない。周りの人からも強く信頼され、もっと深くつながりが持てるようになるだろう。

33

「アバター」を使って
自分の可能性を
広げていく

双子座の最大の特徴は"さまざまな顔"を持っていること。複数のバラバラなことを同時にやろうとし、場面によっていろんな個性、キャラクターを使い分ける。さらに、そんないくつもの自分を上から冷静に見ているもうひとりの自分もいる。

　これからの時代、双子座のこの特性は大きいアドバンテージになるだろう。

　変化が激しくなり、価値観が多様化すればするほど「マルチタスク」の力が求められるようになる。さらに重要なのは、バーチャルな世界が拡張し、リアルな世界と同じような存在感を持つようになったこと。SNSはもちろん、仮想通貨、NFT、メタバースなどの登場で、バーチャルなキャラクターやアバターのまま表現活動をしたり、ものを売買したり、本格的なビジネスを展開することが可能になった。今後、この流れはますます強まるはずだ。

　双子座は、このバーチャルなキャラクターをさらに積極的に活用していくのもいい。SNSで目的別に複数のアカウントを使い分けたり、自分のなかにあるいくつもの顔をそれぞれ「アバター」にして、適したフィールドで活動させていく。

　リアルな世界では「いろんなことに手を出しすぎて混乱する」こともあったかもしれないけれど、自分の複数の個性をバーチャルでキャラクター化すれば、もっとクリアな意識でそれぞれの志向に突き進むことができる。しかも、アバターとリアルな自分が切り離されることで、より発想が自由になり、活躍できる可能性、成功する可能性がどんどん高まっていく。

　本当の自分とは何か、なんて考えなくていい。「いくつもの自分」を「多方向」に走らせることで、可能性を広げていくのが双子座なのだから。

GEMINI

34

あえて「歴史」
「時間の積み重ね」に
目を向ける

双子座の関心はつねに「新しいもの」に向いていて「古いもの」が苦手という人が多い。「流行遅れ」を小馬鹿にしたり、「歴史」「伝統」というワードがつくと、避けて通りたくなったり。

　双子座のなかにある成長を怖がる気持ち＝「永遠の少年少女」がそうさせているのかもしれないが、これはとてももったいないこと。いくら知性や思考力があっても、「歴史」への視点がないと、「薄っぺらい人」に見られてしまう。いくら情報感度が高くても、「伝統」を無視したら、「軽い人」に思われてしまう。

　もしあなたがいま、「古いもの」「時間が積み重ねられたもの」が苦手だと感じているなら、克服しておくといいだろう。

　といっても、寺社仏閣を回れ、骨董をたしなめ、という話ではない。目を向けるのは、あなたが関心のある物事でいい。ただし、そのルーツや歴史まで勉強して考えるのだ。

　たとえば、HIPHOP なら、1970 年前後に生まれたグラフィティや DJ の歴史、さらにそのルーツになっているアフリカ系の文化と音楽までさかのぼる。デザインが好きなら、20 世紀初頭のバウハウスが日本のデザインにもたらした影響など。

　こうした取り組みをしてゆけば、いま、最先端にあるものも長い時間の積み重ねの延長にあることがわかってくる。少しずつ歴史や古いものに興味が湧いて、古典や伝統文化にも目を配るようになる。あなたの「人としての幅」はぐんと広がり、周囲からこれまでとは違うリスペクトを受けるようになるだろう。

　双子座の守護神ヘルメスは若い少年の姿であることが一般的だが、ときにヒゲを生やした魔術師として描かれる。その姿は、双子座が時間の積み重ねの重要性を理解したときに、とてつもなく大きな力を得ることを示しているのかもしれない。

35

器用さの裏に隠れた
「本気」と「理想」を
取り戻す

双子座にとって、最後の課題。それは、人生の大きな目標や理想かもしれない。

　地頭が良く、そのときどきの状況や相手に合わせて最適解を導き出せる双子座だが、なんのためにそれをやるのか、自分がどこに向かいたいのかがわからないことも多い。

　もちろんそれこそが「双子座らしさ」。目標や理想なんてなくても、その場その場の対応で十分そつなく快適な人生を送れるんだからいいじゃないか、という意見もあるだろう。

　でも、もしあなたがいま、心のどこかでむなしさのようなものを抱えているなら、一度「理想」や「人生の目標」を真剣に考え、掲げてみるのもありかもしれない。

　自分自身の「本気」に向き合うのが気恥ずかしいなら、あなたがいつも他人にやっているように、自分の人生に「キャッチフレーズ」をつける、というような軽い感覚でもいい。そのキャッチフレーズを意識していると、いつの間にか行動の軸になり、その延長線上に目標が見えてくるかもしれない。

　それすらも難しい？　だったら、自分のなかから無理に理想を見つけようとしなくてもいい。かわりに、周りの人への視線をもっと深いものにしていこう。

　他者に対する洞察力が優れている双子座。これまではその場その場の空気やニーズを察知するだけだったけれど、これからは人々の心の奥底に眠る「理想」「本当の思い」を掘り起こしていく。そのなかから、未来に光を与えるものをピックアップし、世の中に知らせていくことを自分の使命だと考えればいい。

　人生の「目標」「理想」は双子座にとって最後のピース。これを手に入れたとき、あなたの人生は本物の輝きを放つだろう。

117

戦略的でありながら
理想を追いかけ続ける

ジョン・F・ケネディ
John Fitzgerald Kennedy

1917 年 5 月 29 日生まれ
第 35 代アメリカ合衆国大統領

ハーバード大学卒業、海軍に入隊。その後政治家を志し、1961 年に 43 歳（最年少）で米国大統領となる。その就任演説では「国が自分のために何をしてくれるかではなく、自分が国のために何をできるか問うてほしい」と語った。

63 年 11 月に暗殺されたため任期は短かったが、米ソ核戦争、キューバ危機などの難しい局面を乗り切った。上院議員の時代に書いた『勇気ある人々』はピューリツァー賞を受賞した。

参考　ジョン・F・ケネディ（著）　宮本喜一（翻訳）『勇気ある人々』英治出版 2008 年

GEMINI

HAVE A FULL OF CURIOSITY.

EPILOGUE

双子座が後悔なく生きるために

双子座が一歩を踏み出すために、
やりたいことを見つけるために、
迷いを吹っ切るために、
自分に自信を持つために、
新しい自分に変わるための指針。

革新的で保守的。
冷静でありながら情熱的。
大雑把なのに、
細かいところがある。
優しいともいえるし
ドライだともいえる。
双子座は矛盾している。
しかし相反するふたりを、
心に同居させることができるのが
双子座の魅力であり強みでもある。
つねに、
ふたりの自分をぶつけ合いながら、
自分だけの真実に近づいていくんだ。

いくら探したって
本当の自分なんてきっといない。
双子座に
「自分らしく」
という言葉は似合わない。
なんでもいい、どれも最高、
すべて自分なんだと開き直って、
今日の「自分」を素直に生きればいい。

心の声を聞き逃すな。
いいかも？　と感じたら
本能のおもむくままに飛びつけ。
評判を確かめることをせず、
自分の目で見て、
自分の耳で聞いて、
自由に五感で感じること。
そんな毎日の繰り返しが、
双子座の魂を磨いていく。

制限のなかから自由を、
古いものから新しさを、
理屈のなかから感覚を見つけよう。

何も選ばない。
何も捨てない。
あなたはすべてを飲み込みながら、
荒野を開拓していくだろう。

双子座にとっては
世界のいたるところが、
ワクワクする遊び場だ。
どれもこれも気になるし、
片っ端から訪れてみたい。
しかしどこを訪れたとしても、
そこに足を踏み入れた瞬間、
そこはたんなる通過点に
すぎなかったことに気づくだろう。

満たされてはいけないんだ。
好奇心を満たしていく、
その終わりなき過程こそが、
あなたそのものなのだから。

双子座はこの期間に生まれました。

誕生星座というのは、生まれたときに太陽が入っていた星座のこと。
太陽が双子座に入っていた以下の期間に生まれた人が双子座です。
厳密には太陽の動きによって、星座の境界は年によって1〜2日変動しますので、
生まれた年の期間を確認してください。(これ以前は牡牛座、これ以後は蟹座です)

生まれた年	期間（日本時間）	生まれた年	期間（日本時間）
1936	05/21 15:07 〜 06/21 23:20	1980	05/21 06:42 〜 06/21 14:46
1937	05/21 20:57 〜 06/22 05:10	1981	05/21 12:39 〜 06/21 20:43
1938	05/22 02:50 〜 06/22 11:02	1982	05/21 18:22 〜 06/22 02:21
1939	05/22 08:26 〜 06/22 16:38	1983	05/22 00:06 〜 06/22 08:07
1940	05/21 14:22 〜 06/21 22:35	1984	05/21 05:57 〜 06/21 14:01
1941	05/21 20:22 〜 06/22 04:32	1985	05/21 11:42 〜 06/21 19:43
1942	05/22 02:08 〜 06/22 10:15	1986	05/21 17:27 〜 06/22 01:28
1943	05/22 08:02 〜 06/22 16:11	1987	05/21 23:10 〜 06/22 07:09
1944	05/21 13:50 〜 06/21 22:01	1988	05/21 04:56 〜 06/21 12:55
1945	05/21 19:40 〜 06/22 03:51	1989	05/21 10:53 〜 06/21 18:52
1946	05/22 01:33 〜 06/22 09:43	1990	05/21 16:37 〜 06/22 00:31
1947	05/22 07:08 〜 06/22 15:17	1991	05/21 22:20 〜 06/22 06:17
1948	05/21 13:57 〜 06/22 22:09	1992	05/21 04:12 〜 06/21 12:13
1949	05/21 19:50 〜 06/22 04:01	1993	05/21 10:01 〜 06/21 17:58
1950	05/22 01:27 〜 06/22 09:34	1994	05/21 15:48 〜 06/21 23:46
1951	05/22 07:15 〜 06/22 15:23	1995	05/21 21:34 〜 06/22 05:33
1952	05/21 12:03 〜 06/21 20:11	1996	05/21 03:23 〜 06/21 11:22
1953	05/21 17:52 〜 06/22 01:58	1997	05/21 09:17 〜 06/21 17:18
1954	05/21 23:47 〜 06/22 07:52	1998	05/21 15:05 〜 06/21 23:01
1955	05/22 05:24 〜 06/22 13:30	1999	05/21 20:52 〜 06/22 04:48
1956	05/21 11:12 〜 06/21 19:22	2000	05/21 02:49 〜 06/21 10:46
1957	05/21 17:10 〜 06/22 01:19	2001	05/21 08:44 〜 06/21 16:36
1958	05/21 22:51 〜 06/22 06:55	2002	05/21 14:29 〜 06/21 22:23
1959	05/22 04:42 〜 06/22 12:48	2003	05/21 20:12 〜 06/22 04:09
1960	05/21 10:33 〜 06/21 18:41	2004	05/21 01:59 〜 06/21 09:55
1961	05/21 16:22 〜 06/22 00:29	2005	05/21 07:47 〜 06/21 15:45
1962	05/21 22:16 〜 06/22 06:23	2006	05/21 13:31 〜 06/21 21:24
1963	05/22 03:58 〜 06/22 12:02	2007	05/21 19:11 〜 06/22 03:05
1964	05/21 09:49 〜 06/21 17:55	2008	05/21 01:00 〜 06/21 08:58
1965	05/21 15:50 〜 06/21 23:54	2009	05/21 06:51 〜 06/21 14:44
1966	05/21 21:32 〜 06/22 05:32	2010	05/21 12:33 〜 06/21 20:27
1967	05/22 03:17 〜 06/22 11:21	2011	05/21 18:21 〜 06/22 02:15
1968	05/21 09:05 〜 06/21 17:12	2012	05/21 00:15 〜 06/22 08:07
1969	05/21 14:49 〜 06/21 22:54	2013	05/21 06:09 〜 06/21 14:02
1970	05/21 20:37 〜 06/22 04:41	2014	05/21 11:59 〜 06/21 19:50
1971	05/22 02:14 〜 06/22 10:18	2015	05/21 17:44 〜 06/22 01:36
1972	05/21 07:59 〜 06/21 16:05	2016	05/20 23:36 〜 06/21 07:33
1973	05/21 13:53 〜 06/21 21:59	2017	05/21 05:30 〜 06/21 13:23
1974	05/21 19:36 〜 06/22 03:36	2018	05/21 11:14 〜 06/21 19:06
1975	05/22 01:23 〜 06/22 09:25	2019	05/21 16:59 〜 06/22 00:53
1976	05/21 07:21 〜 06/21 15:23	2020	05/20 22:49 〜 06/21 06:42
1977	05/21 13:14 〜 06/21 21:12	2021	05/21 04:37 〜 06/21 12:31
1978	05/21 19:08 〜 06/22 03:08	2022	05/21 10:22 〜 06/21 18:12
1979	05/22 00:53 〜 06/22 08:55	2023	05/21 16:09 〜 06/21 23:56

※秒数は切り捨てています

著者プロフィール

鏡リュウジ
Ryuji Kagami

1968 年、京都生まれ。

心理占星術研究家・翻訳家。国際基督教大学卒業、同大学院修士課程修了（比較文化）。

高校時代より、星占い記事を執筆するなど活躍。心理学的アプローチをまじえた占星術を日本で紹介することによって、占いマニア以外の人にも幅広くアピールすることに成功。占星術の第一人者としての地位を確たるものとし、一般女性誌の占い特集では欠くことのできない存在となる。また、大学で教鞭をとるなど、アカデミックな世界での占星術の紹介にも積極的。

英国占星術協会会員、日本トランスパーソナル学会理事、平安女学院大学客員教授、京都文教大学客員教授、東京アストロロジー・スクール代表講師などを務める。

君の武器は好奇心

双子座の君へ贈る言葉

2023 年 1 月 15 日　初版発行

著者　鏡リュウジ

写真　Getty Images
デザイン　井上新八
構成　ホシヨミ文庫
太陽の運行表提供　Astrodienst /astro.com
広報　岩田梨恵子
営業　市川聡／二瓶義基
制作　成田夕子
編集　奥野日奈子／松本幸樹

発行者　鶴巻謙介
発行・発売　サンクチュアリ出版
〒 113-0023　東京都文京区向丘 2-14-9
TEL 03-5834-2507　FAX 03-5834-2508
https://www.sanctuarybooks.jp
info@sanctuarybooks.jp

印刷・製本　中央精版印刷株式会社

©Ryuji Kagami 2023 PRINTED IN JAPAN

本書は、2013 年 5 月に小社より刊行された『双子座の君へ』の本旨を踏襲し、
生活様式の変化や 200 年に一度の星の動きに合わせて全文リニューアルした
ものです。